# Inhalt

## e-Learning - Weiterbildung von Mitarbeitern

Kernthesen

Beitrag

Fallbeispiele

Weiterführende Literatur

Impressum

GENIOS WirtschaftsWissen Nr. 05/2003 vom 12.05.2003

# e-Learning - Weiterbildung von Mitarbeitern

*I.Zeilhofer-Ficker*

## Kernthesen

- Unter dem Begriff e-Learning werden alle elektronisch gestützten Lehr- und Lernmethoden zusammengefasst.
- Da e-Learning ein hohes Maß an räumlicher und zeitlicher Flexibilität gestattet, ist es heute für die private und betriebliche Fortbildung ideal geeignet.
- Mit e-Learning kann häufig eine beliebige Anzahl von Mitarbeitern in kürzester Zeit kostengünstig auf den gleichen Wissensstand gebracht werden.
- Dem e-Learning wird das Potenzial zur

radikalen Veränderung allen beruflichen und privaten Lernens zugesprochen.

# Beitrag

# Fortbildung - die Sache eines jeden Einzelnen

Sinkende Weiterbildungsetats und drohende Arbeitslosigkeit zwingen Arbeitnehmer heutzutage immer öfter dazu, das "lebenslange Lernen" selbst in die Hand zu nehmen. Durch die steigenden Anforderungen im Beruf, basierend auf der rasanten Entwicklung neuer Technologien, ist die bisherige Ausbildungsstrategie einer fundierten Ausbildung auf Vorrat am Anfang des Berufslebens nicht mehr zeitgemäß. Berufstätige sehen sich heutzutage häufig gezwungen, kontinuierlich im Laufe der Karriere weiter Wissen und neue Fähigkeiten anzusammeln. (1)

Die schlechte Wirtschaftslage hat die Reduktion der Personalkosten zur wichtigsten Aufgabe der Personalarbeit gemacht; die Qualifizierung von Mitarbeitern wurde in den Hintergrund gedrängt. Die Weiterbildungsbudgets sinken und jedes

Unternehmen sucht nach Möglichkeiten, die Fortbildung so effizient und kostengünstig wie möglich zu gestalten. Viele Kursangebote wurden ganz gestrichen und die Weiterbildung der Eigeninitiative der Mitarbeiter überlassen. (4)

Unbestritten ist, dass gut ausgebildete Mitarbeiter einen direkten Einfluss auf den Unternehmenserfolg haben. Trotzdem wird die Mitarbeiterschulung eher selten als Führungsinstrument eingesetzt, sondern die Verantwortung dafür der Personalabteilung überlassen. Das Resultat ist nicht selten, dass die angebotenen Trainings und Schulungen mit den Unternehmenszielen kaum noch etwas zu tun haben und an den Bedürfnissen der Mitarbeiter und des Unternehmens vorbeigehen. (2)

Jeder Einzelne ist deshalb gefordert, seine Wissenslücken zu identifizieren und durch adäquate Trainingsmaßnahmen zu schließen. Die notwendige Unterstützung des Unternehmens muss eingefordert werden. Firmeninterne Schulungsangebote sollten ebenso genutzt werden, wie die Möglichkeit des berufsbegleitenden Fern- oder Selbststudiums.

e-Learning bietet dazu ideale Voraussetzungen: Zeit und Ort können meist selbst gewählt werden und beeinträchtigen deshalb kaum die normale Arbeitszeit. Die technischen Möglichkeiten sind mittlerweile so ausgereift, dass nicht nur mit Texten, Grafiken, Videoclips und interaktiven Aufgaben gelernt werden kann, sondern sogar durch virtuelle Klassenzimmer der direkte Kontakt zu anderen Lernenden und dem Dozenten, ähnlich wie in Präsenzschulungen möglich ist. (1), (3)

## e-Learning - was ist das?

Die ursprüngliche Definition von e-Learning umfasst alle Lernmethoden, die sich auf elektronische Technologie stützen. Das **Computer-based Training (CBT)**, die einfachste Form von e-Learning, ist hauptsächlich durch Lernhilfsprogramme für Schüler bekannt. Auf einer CD-Rom befinden sich Lernstoff und entsprechende Übungen, die am heimischen PC aufgerufen und bearbeitet werden können. Für die berufliche Fortbildung spielt das CBT keine große Rolle mehr. (5)

Weitestgehend genutzt wird zurzeit das **Web-based Training (WBT)**, da hier das Schulungsprogramm von vielen Nutzern gleichzeitig bearbeitet werden kann. Durch die zentrale Aktualisierung ist sichergestellt, dass die Lernenden immer auf die aktuelle Kursversion zugreifen. Die räumlich-zeitliche Flexibilität sowie die Selbststeuerung des

Trainingsprogrammes sind unbestreitbare Vorteile des Lernens mit dem Intra- oder Internet. (5)

Die meisten WBTs bieten die Möglichkeit, bei Fragen oder Unklarheiten über E-Mail oder Telefon mit den Experten des Schulungsthemas Kontakt aufzunehmen. Trotzdem vermissen viele Studierende die gemeinsame Reflexion von Lernthemen mit anderen Kursteilnehmern und dem Dozenten. Das **virtuelle Klassenzimmer** schafft hier Abhilfe. Im virtuellen Klassenzimmer treffen sich die Lernenden über ihren PC-Arbeitsplatz mit dem Dozenten, bearbeiten Themen und tauschen sich über Bild und Ton miteinander aus. Diesen virtuellen Lernteams wird für die Zukunft eine große Bedeutung zugesprochen. (6)

Für größere Firmen, die häufig Produkt- oder Technikerschulungen oder Ähnliches durchführen müssen, ist die Anschaffung eines **Lern-Managements-Systems** von Interesse. Mit den hier integrierten Autoren-Tools können Schulungen mit individuellen Inhalten selbst erstellt und gepflegt werden. Als ergänzende Leistungsmerkmale findet man beispielsweise die Möglichkeit zur Erstellung einer Skill-Datenbank oder die Errichtung eines Chat-Rooms. Dass das System über eine Schnittstelle zur restlichen Firmen-IT verfügen muss, ist selbstverständlich. (6), (7)

Diese Lernplattformen stehen nicht nur als Kauf-Angebot zur Verfügung. Fast alle Plattformhersteller bieten die Möglichkeit, ihre Tools über Application-Service-Providing (ASP) zu mieten, was auch kleineren Betrieben die vielfältigen Möglichkeiten des e-Learning umfassend erschließt. (7)

## Kombination von Lernmethoden

Reines virtuelles Lernen wird allerdings nicht als optimale Lernform angesehen, da sich das Lernen doch zu einem Großteil auch zwischen Menschen abspielt. Die Gefahr der Vereinsamung am PC ist beim reinen e-Learning sicher gegeben. Großen Zuspruch erfahren daher Kursangebote, die das e-Learning mit Präsenzveranstaltungen verbinden. Diesen **"Blended-Learning"** Angeboten wird deshalb auch ein großes Zukunftspotenzial eingeräumt. (1)

## Vorteile des e-Learning

Der erste große Vorteil des e-Learning besteht natürlich darin, dass der zu vermittelnde Lernstoff zu jeder Zeit verfügbar ist. Mit e-Learning kann also jeder selbst wählen, wo und wann er lernt. Zeiten mit weniger Arbeitsanfall können so sinnvoll genutzt werden; man kann in der Feizeit oder auf Geschäftsreisen neues Wissen erlangen. Jeder Lernende kann sein Lerntempo selbst bestimmen, nicht Verstandenes noch einmal wiederholen oder Stoff auslassen, der bereits bekannt ist. So ist es nicht verwunderlich, dass 27 % der Beschäftigten angeben, zu Hause oder unterwegs zu lernen, denn während der normalen Arbeitsroutine bleibt oft kaum Zeit zur Fortbildung. (6)

Obwohl bisher nur 15 % aller deutschen Firmen e-Learning-Methoden einsetzen, lassen sich die Vorteile nicht bestreiten: mit keiner anderen Methode können Großgruppen in kürzester Zeit auf den gleichen Wissensstand gebracht werden. Da der Standort der Lernenden keine Rolle spielt, werden Reisekosten für Trainer und Trainees gespart. Sollen viele Mitarbeiter innerhalb kürzester Zeit an verschiedenen Orten beispielsweise auf ein neues Produkt geschult werden, bedeutet das für Präsenzschulungen einen erheblichen organisatorischen Aufwand. Dieser Organisationsaufwand wird durch den Einsatz von e-Learning wesentlich verringert. (5), (6)

Laut einer McKinsey-Studie ließen sich durch ein effizienteres und effektiveres Corporate Training

Einsparungen in Milliardenhöhe erzielen. Dazu ist eine Neuausrichtung der betrieblichen Weiterbildung notwendig. Oft wird kritisiert, dass sich die angebotenen Trainings nicht an den Unternehmenszielen ausrichten. Außerdem fehlt es an einer wirklichen Erfolgskontrolle der Schulungen. Tests oder Prüfungen, anhand derer man beurteilen kann, welches Wissen der Mitarbeiter aufgenommen hat, wurden bisher selten realisiert. (2)

Mit e-Learning kann die Weiterbildung in Geschäftsprozesse integriert und damit direkt an die Firmenziele angebunden werden. Das Messen des Lernerfolges kann unkompliziert und nahezu automatisch erfolgen. Jeder Kursteilnehmer kann eine Web-basierte Prüfung zu einer ihm passenden Zeit ablegen, das Ergebnis wird sofort nach Abschluss angezeigt. Diese Ergebnisse lassen sich für den Betrieb statistisch auswerten, der ergänzende Trainingsbedarf für Einzelne oder auch Geschäftsbereiche kann festgestellt werden. Durch die automatische Übertragung von erreichten Qualifikationen in den Personalstamm lässt sich leicht eine Skill-Datenbank der Mitarbeiter erstellen, die als Basis für Personalentscheidungen dient. (6), (8), (9)

# Ausbildung über e-Learning

## Azubinetwork

Durch all diese Vorteile wird dem e-Learning das Potenzial zugesagt, die gesamte allgemeine und berufliche Bildung radikal zu verändern. Erste Schritte dazu sind bereits getan. So existiert seit Sommer 2001 eine e-Learning-Plattform im Internet für Azubis. Unter dem Titel "Azubinetwork" findet man ein umfassendes Angebot an Trainingsinhalten als Ausbildungsunterstützung sowie zur Prüfungsvorbereitung. Durch die Möglichkeit der individuellen Anpassung der Schulungsinhalte stellt diese Plattform sicher, dass der Auszubildende weder unter- noch überfordert ist, und ermöglicht eine Nachqualifizierung beispielsweise wegen Abwesenheit durch längere Krankheit. Die Schüler werden von ausgebildeten TeleCoaches begleitet und können Kommunikationstools wie Chat, E-Mail und Themenforen ergänzend nutzen. (10)

## Die virtuelle Universität

Auch in die Hochschulausbildung ist e-Learning

bereits vielfach eingezogen. Der Hochschulverbund "Virtuelle Fachhochschule" erweitert im Jahr 2003 sein Angebot für virtuelle Studiengänge und Module erheblich. Das Studium wird mit einem Bachelor abgeschlossen; ab 2004 soll auch der Masterabschluss möglich sein. [(11)](11)

Die Gründung der ersten internationalen virtuellen Universität mit dem Namen "Atlantis" ist für Anfang 2004 geplant. Neben der Cornell und der Bloomsburg University, USA, dem Cork Institute of Technology, Irland, der University of Plymouth, England, der Telekommunikations-Universität, Peking, beteiligen sich an dem Projekt auch die FH Darmstadt, die FH Köln und die Universität der Bundeswehr, München. Das Bundesministerium für Bildung und Forschung unterstützt das Projekt mit einer Million Euro Fördermitteln. Die Lernplattform "ELAT" (Environment for Learning and Teaching), die für Atlantis von dem Institut für grafische Datenverarbeitung der FH Darmstadt entwickelt wurde, ist bereits im Einsatz. Der Lernerfolg ist vielversprechend, die Erfolgsquote der Online-Studenten ist höher als bei Präsenzstudiengängen, die Studenten sind höher motiviert und investieren mehr Zeit in ihr Studium. [(12)](12)

# Firmen-Universitäten (Corporate Universities)

Firmen-Universitäten nutzen die Vorteile des e-Learning schon seit geraumer Zeit. Durch den virtuellen Campus ist es einfach, eine geografisch weit verbreitete Belegschaft mit den gleichen Ausbildungsangeboten zu erreichen. Steht das Kursangebot in amerikanischen Firmen dabei allen Mitarbeiten zur Verfügung, bieten die deutschen Firmen-Unternehmen hauptsächlich Angebote für Mitarbeiter des mittleren oder höheren Managements. Da sich selbstverantwortliches Lernen aber mehr und mehr zur zentralen Weiterbildungsphilosophie entwickelt, beginnt man auch in Europa umzudenken. Vereinzelt gibt es bereits Beispiele von Corporate Universities, die sich auch externen Teilnehmern öffnen und sich so zu Top-Adressen für Spezialausbildungen entwickelt haben. (13)

# Fallbeispiele

# Virtuelle Messe

Das Angebot von e-Learning Anbietern ist vielfältig. Über die Internetplattform www.elearning-expo.de gelangt man zur virtuellen Messe für e-Learning und damit per Mausklick zu den potenziellen Lieferanten seiner individuellen e-Learning-Lösung. (16)

# Virtual Classroom Anbieter

Die Firma netucate GmbH, Oberursel betreut bereits über 40 Virtual Classroom Kunden. Vor allem die deutschen Versicherungskonzerne nutzen die VC-Lösung von netucate, zum Großteil auch über ASP. (17)

Die von der deutschen Telekom eingesetzte VC-Software "CentraOne" wird von der TERTIA Edusoft GmbH, Bonn vertrieben. Die Telekom nutzt die virtuellen Klassenzimmer zur flächendeckenden Schulung aller Servicemitarbeiter. (17)

Auch die imc AG, Saarbrücken, hat ein virtuelles Klassenzimmer im Angebot. imc prognostiziert bereits für die nahe Zukunft eine wesentliche Preissenkung, vor allem für ASP-Angebote. (17)

## IT-Trainings-Award für SKF

Die SKF, Schweinfurt hat ihr e-Learning-System selbst entwickelt und dabei so gute Arbeit geleistet, dass sie dafür den IT-Trainings-Award erhalten hat. Mit einer Kombination von traditionellem und virtuellem Training wurden weltweit rund 200 Mitarbeiter über ein CRM-System geschult. Zum Trainingsprogramm gehörten ein Einstiegstest, ein Test nach Absolvierung des Schulungsprogramms sowie virtuelle Workshops. Selbstverständlich war auch die Zuordnung des Trainingsstatus und der Testergebnisse zu Geschäftseinheiten. (18)

## Weiterführende Literatur

(1) E-Learning macht's möglich - Präsenzphasen sind

wichtig, um der Einsamkeit am PC vorzubeugen
Wissen ist schon längst mobil
aus Die Welt, Jg. 54, 01.03.2003, Nr. 51, S. B1

(2) Schlechte Noten für die betriebliche Weiterbildung
aus Frankfurter Allgemeine Zeitung, 17.02.2003, Nr. 40, S. 21

(3) Fernstudium hat in der Flaute Hochkonjunktur
Wenn Weiterbildungsetats sinken und der Bedarf an qualifizierten Führungskräften steigt, müssen Mitarbeiter selbst aktiv werden
aus FTD Financial Times Deutschland vom 21.02.2003, Seite 33

(4) Wer seine Mitarbeiter pflegt, hat mehr Erfolg
Sparmaßnahmen beim Personal verschlechtern die Produktivität
aus FTD Financial Times Deutschland vom 30.01.2003, Seite 30

(5) Zur Sache
aus Frankfurter Allgemeine Zeitung, 01.02.2003, Nr. 27, S. 53

(6) Versicherer Vorreiter beim E-Learning
aus Versicherungswirtschaft, 1.3.2003, 58.Jg., Nr. 05, S. 354

(7) Trend zur Konsolidierung hält an - Anwender brauchen Tools für Individual-Content - Technische Highlights sind rar - Learntec präsentiert

ganzheitliche Ansätze, Computer Zeitung, Heft 6, 2003, S. 21
aus Versicherungswirtschaft, 1.3.2003, 58.Jg., Nr. 05, S. 354

(8) Heid, Thorsten, E-Learning/Prüfungs-Management im Intranet - den Lernfortschritt nachvollziehen, Computerwoche Nr. 05 vom 31.01.2003, S. 39
aus Versicherungswirtschaft, 1.3.2003, 58.Jg., Nr. 05, S. 354

(9) Heiduck, Gunter, E-Learning/Online-Lernen in betriebswirtschaftliche Prozesse integrieren - Kein Fass ohne Boden, Computerwoche Nr. 05 vom 31.01.2003, S. 36 - 37
aus Versicherungswirtschaft, 1.3.2003, 58.Jg., Nr. 05, S. 354

(10) eLearning Azubi-Network als Ausbildungsweg
aus Government Computing, Heft 02/2003, S. 22

(11) Individuelle Online-Betreuung durch Mentoren An der virtuellen Fachhochschule zum Bachelor
aus Die Welt, Jg. 54, 01.03.2003, Nr. 51, S. B1

(12) Statt im Hörsaal sollen Studenten künftig daheim am PC lernen Die FH Darmstadt will mit Partnern in den USA und Großbritannien die erste internationale virtuelle Hochschule gründen
aus Frankfurter Rundschau v. 12.03.2003, S.38, Ausgabe: R Region

(13) Die alte Bildungswelt folgt der neuen Corporate Universities/ Wie in den USA schulen immer mehr deutsche Unternehmen ihren Führungsnachwuchs in eigenen Akademien - VW öffnet seine neue Auto-Uni sogar für betriebsfremde Studenten.
aus FTD Financial Times Deutschland vom 07.03.2003, Seite 28

(14) Bedürfnis nach Weiterbildung Heute beginnt in Karlsruhe die Messe Learntec: Die europäischen Aussteller zeigen sich vorsichtig optimistisch
aus FTD Financial Times Deutschland vom 04.02.2003, Seite 33

(15) Neue IT-Berufe und E-Learning Das BFW Goslar arbeitet eng mit Firmen zusammen
aus Frankfurter Rundschau v. 15.02.2003, S.4

(16) Haufe Mediengruppe:-Neue Angebote im Internet
aus wirtschaft&weiterbildung, Heft 03/2003, S. 18

(17) Virtuelle Klassenräume im Überblick
aus wirtschaft&weiterbildung, Heft 02/2003, S. 56

(18) E-Learning/SKF führt CRM-System ein: Durch die Augen des Anderen sehen - Gemeinsam lernen mit Web-Konferenzen, Computerwoche Nr. 05 vom 31.01.2003, S. 42
aus wirtschaft&weiterbildung, Heft 02/2003, S. 56

# Impressum

## e-Learning - Weiterbildung von Mitarbeitern

### Bibliografische Information der deutschen Nationalbibliothek

Die Deutsche Nationalbibliothek verzeichnet diese Publikation in der deutschen Nationalbibliografie; detaillierte bibliografische Daten sind im Internet über http://dnb.d-nb.de abrufbar.

ISBN: 978-3-7379-1159-7

© 2015 GBI-Genios Deutsche Wirtschaftsdatenbank GmbH, Freischützstraße 96, 81927 München, www.genios.de

Alle Rechte vorbehalten. Dieses Werk ist einschließlich aller seiner Teile – z.B. Texte, Tabellen und Grafiken - urheberrechtlich geschützt. Jede Verwertung außerhalb der Grenzen des Urheberrechtsgesetzes bedarf der vorherigen Zustimmung des Verlags. Dies gilt insbesondere auch für auszugsweise Nachdrucke, fotomechanische Vervielfältigungen (Fotokopie/Mikroskopie), Übersetzungen, Auswertungen durch Datenbanken oder ähnliche Einrichtungen und die Einspeicherung und Verarbeitung in elektronischen Systemen.